앗! 지구가 뜨거워지고 있어요

추운 남극에 사는 펭귄!

추운 남극에 사는 펭귄!

뒤뚱뒤뚱 걷는 모습이 귀여워요.
펭귄은 날개가 있어도 날지를 못해요.

하지만 헤엄은 쌩쌩 잘 치지요.
빠르게 헤엄쳐서 물고기를 발견하면 부리로 꽉!

오, 이것 보세요.
얼음 위에 배를 대고 슝!
이렇게 멀리까지 빠르게 갈 수 있어요.

이렇게 귀여운 펭귄들이 살고 있는
남극의 빙하들이 빠르게 녹고 있대요.
펭귄들의 서식지*가 사라지고 있어요.

* 서식지 는 어떤 특정 생물이 살아가는 지역으로 땅위, 땅속, 강, 바다 등 다양해요.

폭설로 인해 눈으로 덮인 도시

온 도시를 침수시킨 많은 양의 비

폭염 속의 산불

지독한 가뭄

지구가 더워지면 제일 먼저 녹는 것이 얼음이에요.
남극의 빙하가 점점 녹아서 바다로 흘러드는 바람에
바닷물의 높이가 점점 높아지고 있어요.
해수면 상승* 현상이에요.

* **해수면 상승** 은 바람, 파랑의 작용으로 인하여 바닷물의 표면이 상승하는 현상을 말해요.

그럼 이렇게 지구가 더워지는 이유는 무엇일까요?
지구 온난화* 때문이지요.

* 지구 온난화 는 지구 표면의 평균온도가 상승하는 현상을 말해요.

우리가 자동차를 타고 다닐 때, 공장에서 물건을 만들 때,
석유나 석탄을 태워 에너지로 사용해요.
이때 이산화탄소가 뿜어져 나와요.
또 수많은 가축이 트림하거나 방귀를 뀔 때는
메탄가스*를 내뿜는데 이 기체들이 대기로 날아가
쌓이게 돼요.

*메탄가스 는 똑같은 부피의 이산화탄소보다 25배 더 지구를 뜨겁게 만들어요.

이렇게 지구가 더워지는 것은 바로 우리 때문이었어요.

---
* 분리수거 는 종류별로 나누어서 버린 쓰레기를 수거해 가는 것을 말해요.

분리수거*를 꼭 해야 해?

| 종이 | 플라스틱 | 비닐 | 유리 |

점점 더워지는 지구를 구하려면 지금부터 우리가 함께 노력해야 해요.
우리가 할 수 있는 일은 무엇이 있을까요?
사용하지 않는 전기는 뽑아 두고
여름에 에어컨을 적게 사용하도록 해요.
겨울에는 난방 온도를 낮추고,
가까운 거리는 걷거나 자전거를 이용하는 건 어떨까요?

아하~ 그렇구나!

이산화탄소 같은 온실 기체가 하늘로 올라가 지구를 둘러싸는 바람에
대기의 열이 우주 공간으로 나가지 못하여 지구의 평균 기온이 올라가고 있어요.
이를 '지구 온난화'라고 해요.

과학자들은 지구의 기온이
올라 조금씩 더워지고 있대요!
자동차가 많아지고,
집에 냉난방을 많이 하고,
수많은 공장에서
기계를 돌리기 때문이지요.

얼음이 녹으면 바닷물이 차올라
물에 잠기는 길과 집,
도시들이 점점 늘어나게 된대요.

북극과 남극에서 살아가는
동물들도 보금자리를 잃고
위험에 빠지게 된대요.

호기심 누리과학 시리즈

누리과정 1. 호기심 가지기

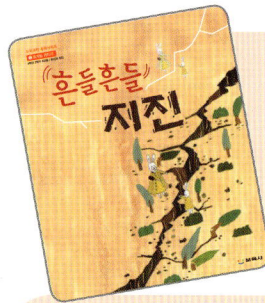
4학년 2학기 4단원 화산과 지진
흔들흔들 지진
단어카드 1종, 화보 1종, 워크지 2종(1, 2 수준), 이야기나누기자료 1종, 지침서

6학년 1학기 1단원 지구와 달의 운동
빙글빙글 도는 지구
단어카드 1종, 화보 1종, 워크지 2종(1, 2 수준), 이야기나누기자료 1종, 지침서

5학년 2학기 1단원 날씨와 우리생활
구름은 어떻게 만들어지는 걸까?
단어카드 1종, 화보 1종, 워크지 2종(1, 2 수준), 이야기나누기자료 1종, 지침서

누리과정 2. 물체와 물질 알아보기

3학년 2학기 4단원 소리의 성질
소리가 떨려요
단어카드 1종, 화보 1종, 워크지 2종(1, 2 수준), 이야기나누기자료 1종, 지침서

6학년 2학기 4단원 연소와 소화
공기야 도와줘
단어카드 1종, 화보 1종, 워크지 2종(1, 2 수준), 이야기나누기자료 1종, 지침서

4학년 2학기 2단원 물의 상태 변화
우리는 삼총사
단어카드 1종, 화보 1종, 워크지 2종(1, 2 수준), 이야기나누기자료 1종, 지침서

누리과정 3. 생명체와 자연환경 알아보기

4학년 2학기 1단원 동물의 생활
나는 바다의 수영선수
단어카드 1종, 화보 1종, 워크지 2종(1, 2 수준), 이야기나누기자료 1종, 지침서

4학년 1학기 3단원 식물의 한살이
내 씨를 부탁해!
단어카드 1종, 화보 1종, 워크지 2종(1, 2 수준), 이야기나누기자료 1종, 지침서

3학년 1학기 3단원 동물의 한살이
겨울을 준비해요
단어카드 1종, 화보 1종, 워크지 2종(1, 2 수준), 이야기나누기자료 1종, 지침서